Susanne Steidl

Gute Gefühle Tipps

10 Ideen, die dein Leben positiv verändern

Schirner Verlag

ISBN 978-3-8434-5165-9

Susanne Steidl:
Gute-Gefühle-Tipps
10 Ideen, die dein Leben
positiv verändern
© 2018 Schirner Verlag,
Darmstadt

Umschlag & Layout: Elena Lebsack,
Schirner, unter Verwendung von
#297191840 (© Arefyeva Victoria),
#583557562 (© shmel) und #232110067
(© xenia_ok), www.shutterstock.com
Lektorat: Claudia Simon, Schirner
Printed by: Ren Medien GmbH, Germany

www.schirner.com

1. Auflage Mai 2018

Alle Rechte der Verbreitung, auch durch Funk, Fernsehen und
sonstige Kommunikationsmittel, fotomechanische oder vertonte Wiedergabe
sowie des auszugsweisen Nachdrucks vorbehalten

Inhalt

Einleitung 9

Sage Ja zu all deinen Gefühlen 13
  Nimm deine Gefühle an 14

Zeige deine Gefühle 19
  Entlasse Gefühle aus deinem Körper 21

Erzähle und schreibe, was dich bewegt 25
  Lasse los mit dem Feuerritual 28

Lächle, und du fühlst dich gut 31
  Zaubere ein Lächeln auf deine Lippen 32
  Erledige Unliebsames mit einem Lächeln 32
  Schenke anderen ein Lächeln 35

Verändere deine Körperhaltung 37
  Richte dich auf 40
  Löse körperliche Spannungen auf 41

Werde dir deiner Gedanken bewusst 43
Wie Gefühle entstehen 44
Verändere deine Gedanken 46
Deine Glaubenssätze prägen dich 48
Erneuere deine Glaubenssätze 51

Lenke deine Aufmerksamkeit 55
Das Prinzip der Umkehrung 57
Vom Problem zur Lösung 59
Stelle dir die richtigen Fragen 60

Lebe den Moment 63
Wann ergibt ein Blick in die Vergangenheit Sinn? 64
Male dir die Zukunft rosig aus 65
Stoppe das Gedankenkarussell 67
Achtsamkeit im Alltag 68
Sei achtsam 70

Schaue durch die Brille der Wertschätzung 75
Dankbarkeit 76
Setze die rosarote Brille auf 77
Belebe deine Beziehungen 78
Erhöhe deine Selbstliebe 80
Deine persönliche Abendschau 81
Deine Schwingung erhöhen 82

Tue dir und deiner Seele Gutes.. 85
Fülle dein Energiefass 87
Beschenke dich jeden Tag 88

Damit es dir gelingt.. 91

Über die Autorin.. 92

Bildnachweis 92

Einleitung

Liebe Leserin, lieber Leser, wir alle wünschen uns ein gutes oder besseres Leben. Was das für einen jeden von uns konkret bedeutet, mag sehr unterschiedlich sein. Aus Erfahrung kann ich sagen, dass wir ausgeglichener und zufriedener sind, wenn wir uns wohlfühlen. Somit beeinflussen unsere Gefühle auch unsere Lebensqualität. Wenn wir uns erlauben, unseren Gefühlen bewusster zu begegnen, sie anzunehmen und auch zu steuern, verhilft uns das zu einem erfüllten Sein.

Gefühle bereichern uns. Ohne sie wäre alles grau und eintönig. Sie sind ein Messinstrument für unsere Befindlichkeit, sie zeigen uns auf, wie zufrieden wir sind. Es ist schön, wenn wir uns gut fühlen. Wir sind in Harmonie, und das Leben erscheint uns lebenswert. Es gibt aber auch jene Gefühle, die es uns schwer machen, die uns ausbremsen, blockieren, herunterziehen und Leid verursachen. Der Umgang mit diesen Gefühlen ist nicht immer leicht.
Jedes Gefühl ist ein Signal unserer Psyche und/oder unseres Körpers. Deshalb ist es mir wichtig aufzuzeigen, dass alle Gefühle – positive wie negative – in unserem Leben Platz haben sollten. So, wie angenehme Gefühle uns signalisieren, dass etwas stimmig verläuft, machen

uns negative Gefühle darauf aufmerksam, dass wichtige Bedürfnisse nicht erfüllt sind. Sie fordern uns auf, etwas zu verändern. Deshalb ist das Wahr- und Annehmen von Gefühlen wesentlich.

Wir sind unseren Gefühlen nicht ausgeliefert. Wir können die Verantwortung für sie übernehmen und sie aktiv beeinflussen. So haben wir die Wahl, ob wir uns aus dem Kreislauf von negativen Gefühlen herausbewegen oder noch tiefer hineinsinken wollen.
In meiner 15-jährigen Tätigkeit als Referentin und Coachin habe ich sehr oft erlebt, dass Menschen Gefühle unterdrücken. Aber gerade diesen unterdrückten Gefühlen Aufmerksamkeit und Raum zu geben, wirkt sehr heilsam und verhilft uns zu einem erfüllten Leben. Wir kommen dadurch wieder in unsere Kraft, und es eröffnen sich uns neue Wege und Möglichkeiten.

In diesem Buch biete ich dir 10 Tipps, wie du Zugang zu deinen Gefühlen gewinnst. Du erfährst, wie du mit unliebsamen Gefühlen umgehen und deine Stimmung verändern bzw. verbessern kannst. Dadurch wirst du zum aktiven Gestalter deines Lebens.

Sage Ja zu all deinen Gefühlen

Zu unserem Leben gehört eine Vielfalt an Gefühlen. Sie machen das Leben intensiver. Sich intensiv gut zu fühlen ist natürlich angenehm, aber wer will sich schon intensiv schlecht fühlen? Deshalb neigen wir dazu, gegen unangenehme Gefühle anzukämpfen. Wir wollen sie nicht wahrhaben, verdrängen sie, bauen Widerstand gegen sie auf. Wenn wir aber gegen Gefühle ankämpfen, kostet uns das viel Energie. Es ist so, als würden wir gegen uns selbst ankämpfen.
Und wir verpassen auch eine Gelegenheit. Denn unangenehme Gefühle haben eine Aufgabe: Sie zeigen uns, dass in unserem Leben etwas nicht (mehr) passt.

Daher bejahe liebevoll all deine Gefühle. Durch das Annehmen deiner Gefühle wirst du merken, dass negative Gefühlszustände rascher vorbeigehen.
Frage dich, wovor du Angst hast. Meistens ist die Angst vor negativen Gefühlen größer als das negative Gefühl selbst. Befürchtest du vielleicht, die Kontrolle zu verlieren? Nicht zu wissen, wie du mit deinen Gefühlen umgehen sollst? Nicht mehr aus dem negativen Gefühlszustand herauszukommen? Diese Ängste halten dich davon ab, dich deinen Gefühlen zu stellen.

NIMM DEINE GEFÜHLE AN

Der erste Schritt besteht darin, dass du deine Wahrnehmung nach innen lenkst und all deine Gefühle wahrnimmst. Schenke ihnen deine Aufmerksamkeit, und widme dich besonders den unangenehmen bzw. negativen Gefühlen.
Nimm dir etwas Zeit, und sorge dafür, dass du durch nichts abgelenkt werden kannst, dass es still um dich herum ist. Du kannst dich hinsetzen oder hinlegen. Nimm dann Kontakt mit dem Gefühl, das gerade in dir herrscht, auf. Versuche, es auch körperlich zu lokalisieren. Meistens geht ein Gefühl mit einer Körperwahrnehmung einher. Das kann zum Beispiel bei Traurigkeit ein Druck oder ein Engegefühl sein, häufig im Brust- oder Halsbereich.
Als Nächstes benenne das Gefühl.

Diese Fragen helfen dir dabei:
- Wie fühle ich mich gerade jetzt?
- Was fühle ich?

Bleiben wir bei der Traurigkeit: »Ich spüre Traurigkeit«, oder: »Ich bin traurig.« Oder auch: »Ich nehme Traurigkeit in mir wahr.« Bejahe diese Traurigkeit, indem du sagst: »Es ist okay, traurig zu sein. Die Traurigkeit darf jetzt da sein.«

Atme nun sanft und weich ein und aus, und bleibe mit der Traurigkeit in Kontakt. Du darfst sie auch noch intensiver wahrnehmen. Atme zu der Körperstelle hin, wo du die Traurigkeit wahrnimmst, indem du sanft in den Druck oder die Enge hineinatmest. Du wirst sehen, wie sich die Traurigkeit durch dein sanftes Atmen und durch deine liebevolle Annahme verändern wird.

Je öfter du diese Übung machst, umso besser wirst du all deine Gefühle wahrnehmen können, auch dann, wenn du gerade in Aktion bist. Also wiederhole sie immer wieder.

Unangenehme Gefühle können dich auch über längere Zeit hinweg begleiten. Es kann sein, dass du bestimmte Gefühle grundsätzlich nicht wahrnehmen willst. Du kannst dich dann mit einem Kochtopf vergleichen, in dem es brodelt und brodelt … und du gibst einen Deckel darauf, aber darunter brodelt es weiter, bis es entweder explodiert – das könnte ein Kontrollverlust in Form eines Wutanfalles sein – oder du es hinunterschluckst und damit die negative Energie gegen dich selbst richtest. Auf Dauer kann sich das nachteilig auf

deine körperliche und psychische Gesundheit auswirken. Magen- und andere körperliche Schmerzen, aber auch Depression* können die Folge sein.
Wenn du Angst hast, dich unterdrückten Gefühlen allein zu stellen, lasse dich professionell unterstützen. Es gibt viele Techniken und Methoden, die dir dabei helfen können. Du kannst das mit einem gründlichen Hausputz vergleichen: Zunächst wird der sichtbare Staub und Schmutz hinausbefördert, dann auch jener, der sich hinter den Möbeln versteckt. Schließlich werden die Fenster geöffnet, und es darf wieder frische Luft hereinströmen. Du fühlst dich klarer und leichter.

Erlaube dir, dich gut zu fühlen! Ich schreibe das ausdrücklich, weil ich die Erfahrung gemacht habe, dass Menschen, die über längere Zeit hinweg ein Gefühlshoch erleben, oft ein schlechtes Gewissen gegenüber jenen bekommen, denen es nicht so gut geht. Und dann setzt meistens ein Selbstsabotageprogramm ein, durch das sie aus diesem schönen Gefühlszustand herausgeschleudert werden und es ihnen auch schlecht geht.

Ich habe oft den Eindruck, dass es gar nicht mehr in ist, »Es geht mir gut« zu sagen. Man muss sich schlecht fühlen, um mithalten zu können.

---

* Das Wort »Depression« kommt vom lateinischen *deprimere* und bedeutet »etwas niederdrücken«.

Beobachte dich, wenn dir jemand erzählt, wie schlecht es ihm geht. Kannst du dann bei dir bleiben und sagen, dass es dir gut geht? Oder neigst du dazu, dich anzupassen?

Es darf dir gut gehen, auch wenn andere Probleme haben. Du bleibst damit in deiner hohen Schwingung und Energie. Das ist für andere Menschen hilfreicher, als wenn du dich auf deren Schwingung hinunterziehen lässt.

Zeige deine Gefühle

Warum können und wollen wir unsere Gefühle nicht zeigen? Es gibt Überzeugungen in uns, die wir bereits als Kinder mitbekommen haben: »Sei stark – beiße die Zähne zusammen!«, »Sei keine Heulsuse!«, »Indianer kennen keinen Schmerz!« … Wir haben vielleicht auch erlebt, dass es besser ist, Gefühle nicht zu zeigen, dass sie nicht gut bei anderen ankommen, wir wegen ihnen bestraft oder nicht mehr geliebt werden. Und die meisten von uns haben auch nicht gelernt, WIE sie ihre Gefühle ausdrücken können.

Stelle dir vor, du willst ein Bild aufhängen und schlägst dir mit dem Hammer auf den Finger. Was machst du? Schreist du? Weinst du vor Schmerz? Oder kneifst du die Lippen zusammen und schluckst den Schmerz runter?

So, wie wir mit physischem Schmerz umgehen, gehen wir auch mit emotionalem Schmerz um. Emotionale und physische Schmerzen aktivieren dieselbe Region im Gehirn. Für das Gehirn gibt es also zwischen diesen beiden Schmerzerfahrungen keinen Unterschied.
Wenn du den Schmerz – sei er körperlich oder psychisch – nicht auslebst bzw. ausdrückst, wird seine Schwingung in deinem Körper gespeichert. Negative Gefühle haben eine niedrigere Schwingung als an-

genehme Gefühle und können deshalb dein körperliches System auf Dauer belasten.
Als Schutzmechanismus ummantelt dein Körper diese Gefühle, um dich davor zu bewahren, solche oder ähnliche Gefühle nochmals zu erleben. Das erzeugt in dir Spannungen, die sich in wiederkehrenden körperlichen Symptomen ausdrücken.[*]

Deine Gefühle auszudrücken bedeutet nicht unbedingt, dass du sie jedem auf die Nase binden musst, sondern, dass du sie für dich anerkennst und auch lebst. Wenn du traurig bist, darfst du weinen. Wenn du Schmerzen spürst, darfst du schreien. Wenn du wütend bist, gib deinem Zorn Ausdruck. Nimm dir ein Beispiel an Kindern. Sie leben diese Gefühle, sie lassen sie raus, und bald danach lachen sie wieder.
Natürlich solltest du deinen Gefühlen nicht ohne Rücksicht auf andere Raum geben und sie nicht an deinen Mitmenschen auslassen. Du hast immer die Verantwortung für deine Gefühle.
Die folgenden Übungen helfen dir dabei, unangenehme Gefühle aus deinem Körper zu entlassen. Du reinigst ihn von den niedrigen Schwingungen und schaffst wieder Raum für Freude und Leichtigkeit.

---

[*] Mehr dazu in: Christian Meyer: Ein Kurs in wahrem Loslassen – Durch das Tor des Fühlens zu innerer Freiheit. Arkana Verlag 2016.

ENTLASSE GEFÜHLE AUS DEINEM KÖRPER

AH-Summen

Die Silbe »AH« löst negative Gefühlszustände auf und bringt uns zurück in die Gegenwart. Sie erweitert den Radius unserer Wahrnehmung und lässt uns Verbundenheit spüren.[*]

Sitze, stehe oder liege. Schaue in den Himmel, und beginne nun, die Silbe »AH« zu summen, sodass dein ganzer Körper von diesem Klang durchströmt wird. Lasse dabei deinen Blick in der Weite des Himmels ruhen. Fahre fort, bis dein Körper, deine Energien und alle Räume, die du sehen und fühlen kannst, von diesem »AH« erfüllt sind.

Trommeln, Stampfen und Schreien

Lege dich auf eine Decke oder Matte mit dem Rücken auf den Boden. Winkle die Beine an, die Füße sind ca. hüftbreit auseinander. Forme die Hände zu Fäusten. Nun beginne, mit den Fäusten und Fußsohlen auf den Boden zu trommeln bzw. zu stampfen, und schreie so laut, du kannst. Danach strecke dich aus, schließe die Augen, atme, und spüre nach. Du wirst dich erschöpft, aber auch erleichtert fühlen.

---

[*] Mehr dazu in: Julie Henderson: Embodying Well-being oder: Wie man sich trotz allem wohl fühlen kann. AJZ Verlag 2001.

Mit dem Atem loslassen

Wenn du in dir ein negatives Gefühl wahrnimmst, spüre in deinen Körper hinein, und achte darauf, wo du das Gefühl lokalisieren kannst. Nun atme durch die Nase tief in deinen Unterbauch, und puste die Luft durch den Mund wieder hinaus. Stelle dir vor, wie du das Gefühl beim Ausatmen regelrecht aus deinem Körper schleuderst. Mache das so lange, bis du dich leichter fühlst.

Seufzen, Stöhnen und Gähnen

Vielleicht gibst du auch tagsüber, ohne darüber nachzudenken, ab und zu einen tiefen Seufzer von dir? Ich ertappe mich immer wieder dabei. Diese Seufzer oder auch das Stöhnen helfen dir, Spannungen abzubauen. Das Gähnen wirkt ebenfalls erleichternd. Deshalb unterdrücke es nicht, sondern gähne herzhaft. Dein Körper baut damit Blockaden ab. Es ist ein ganz natürlicher Impuls, den wir auch aus der Tierwelt kennen. Hunde zum Beispiel gähnen, wenn sie überfordert sind. Wir Menschen kontrollieren bewusst oder unbewusst diesen Impuls, weil es uns abgewöhnt wurde, ihm zu folgen. Also gähne, stöhne und seufze.

Der stumme Indianerschrei

Stehe aufrecht, die Beine etwas auseinander, gehe leicht in die Knie, balle die Hände zu Fäusten, und schreie, ohne einen Ton von dir zu geben. Hüpfe dabei auf und ab.

Dieser stumme Schrei wurde von Indianerstämmen praktiziert, um sich auf einen Kampf einzustimmen, ohne die Feinde auf sich aufmerksam zu machen. Die Übung ist also besonders gut geeignet, wenn du an einem Ort bist, wo du nicht laut schreien kannst. Kinder mögen den stummen Schrei besonders gern.

Erzähle und schreibe, was dich bewegt

Sich bei jemandem auszusprechen, sich auszuweinen, sich etwas von der Seele zu reden oder zu schreiben, tut gut. Du verarbeitest deine Gefühle, indem du sie in Worte fasst. Das schenkt dir Klarheit darüber, was in dir vorgeht.

Hast du jemanden, dem du erzählen kannst, was dich bewegt? Teile dich einem Menschen mit, dem du vertraust und der das Erzählte für sich behalten kann. Es geht weniger darum, dass diese Person dich durch einen Rat unterstützt, sondern vielmehr darum, deine Gefühle mit ihr zu teilen. Du wirst sehen, danach ist dir viel leichter ums Herz. In meinen Seminaren höre ich oft von Teilnehmern, dass es guttut zu wissen, dass andere Menschen ähnlich fühlen und erleben, ganz nach dem Sprichwort: »Geteiltes Leid ist halbes Leid.« Du erfährst, dass du mit deinen Gefühlen nicht allein bist.

Für viele Menschen ist es schwer, jemandem das eigene Leid anzuvertrauen. Sie haben Angst, ihr Innerstes zu entblößen, und machen deshalb vieles mit sich selbst aus. Heutzutage gibt es viele Möglichkeiten, sich kompetent unterstützen zu lassen. Früher waren die Seelsorger dafür zuständig, heute sind es vor allem

Psychologen, Lebensberater, Coaches … Menschen, die gelernt haben, zuzuhören und zu begleiten. Es ist kein Zeichen von Schwäche, sich Beistand zu suchen, sondern ein Zeichen von Selbstwertschätzung. Wenn du weißt, dass du mit etwas nicht mehr allein zurechtkommst, lasse dir helfen.
Was mir persönlich auch guttut, sind Selbstgespräche. Ich spreche laut aus, was mich beschäftigt. Das bringt mir Klarheit, und dadurch wird mir vieles bewusster.

Lerne, deine Gefühle innerhalb deiner Familie, gegenüber deinen Freunden und auf der Arbeit mitzuteilen. Sprich aus, was du fühlst und was du dir wünschst.
Wir neigen dazu, anderen die Schuld zu geben, wenn es uns nicht gut geht. Ganz nach dem Motto: »Weil du das getan hast, geht es mir schlecht – du bist Schuld daran!«
Mir gefällt der Ansatz der gewaltfreien Kommunikation nach Marshall Rosenberg.[*] Dabei geht es darum, für die eigenen Gefühle Verantwortung zu übernehmen und sich mitzuteilen, ohne dem anderen Vorwürfe zu machen.

Der erste wichtige Schritt der gewaltfreien Kommunikation besteht darin, das Gefühl zu benennen. Spüre in dich hinein, nimm das Gefühl wahr, benenne es,

---

[*] Mehr dazu in: Marshall B. Rosenberg: Gewaltfreie Kommunikation – Eine Sprache des Lebens. Junfermann Verlag 2016.

und teile es mit: »Ich bin traurig, ich spüre Traurigkeit«, »Ich bin enttäuscht«, »Ich bin wütend« … so, wie es im Kapitel »Sage Ja zu all deinen Gefühlen« (S. 13) bereits beschrieben wurde.

Im zweiten Schritt spürst du nach, welche Bedürfnisse nicht erfüllt sind und deshalb in dir dieses unangenehme Gefühl ausgelöst haben. Zum Beispiel: »Ich bin enttäuscht, weil mir Verlässlichkeit wichtig ist.« Und dann formuliere eine Bitte, einen Wunsch, beispielsweise: »Ich bin enttäuscht, weil mir Verlässlichkeit wichtig ist. Ich bitte dich, das nächste Mal anzurufen, wenn du nicht pünktlich kommen kannst.«

Um sich auf diese Weise auszudrücken, die eigenen Gefühle und Bedürfnisse so klar und konkret mitzuteilen, ist es unerlässlich, zuerst einen inneren Klärungsprozess zu durchlaufen. Gib dir dafür die Zeit, die es braucht. Du musst bei Verletzungen nicht sofort reagieren. Warte etwas ab, zähle bis zehn, atme tief ein und aus. Versuche das, was du fühlst, und das, was du brauchst, zu benennen. Wenn du es für dich geklärt hast, dann teile dich mit. Du wirst beobachten, dass du nicht mehr so emotional reagierst und dass deine Worte besser beim Gegenüber ankommen.

LASSE LOS MIT DEM FEUERRITUAL

Sich den Kummer von der Seele zu schreiben ist sehr effektiv. Es befreit und wirkt klärend. Nimm dir etwas Zeit, und suche dir einen Ort, wo du ungestört bist. Und nun lasse alles auf ein Blatt Papier fließen, was in dir hochkommt, ohne Zensur. Schreibe alles nieder, was dich bewegt, all deine Gedanken, all deine Gefühle. Achte beim Schreiben nicht so sehr darauf, wie du etwas formulierst. Es geht in erster Linie darum, dass alles raus darf. Du wirst dich schon allein durch das Aufschreiben leichter und befreiter fühlen.

Um wirklich alles loszulassen, führe noch ein Feuerritual durch. Durch das Verbrennen deiner geschriebenen Worte lässt du bewusst los, du übergibst alles dem Feuer und seiner Transformationskraft.

Dazu brauchst du eine feuerfeste Schale, ein Streichholz, ein Teelicht und das von dir beschriebene Blatt Papier. Entzünde das Teelicht in der Schale, gib das Papier hinein, und bitte darum, dass sich alles Belastende im Feuer auflösen möge und dass es transformiert werde. Die Asche übergibst du anschließend der Erde.

Lächle, und du fühlst dich gut

Ich weiß, wenn einem nicht danach zumute ist, ist es schwierig zu lächeln. Aber es lohnt sich. Denn sobald deine Mundwinkel nach oben gehen, bekommt dein Körper den Impuls, Glückshormone auszuschütten. Diese bewirken, dass du dich besser fühlst. Also lächle – auch wenn es ein künstlich erzeugtes Lächeln ist.

Damit die Glückshormone wirksam werden, sollte das Lächeln mindestens 60 Sekunden andauern. Wenn du spontan lächelst oder lachst, werden bereits nach 15 Sekunden Glückshormone ausgeschüttet. Lachen tut deiner Gesundheit gut. Denn die ausgeschütteten Endorphine wirken zugleich entzündungshemmend und schmerzstillend. Lachen entspannt deine Körperzellen und öffnet sie, sodass sie wieder Nährstoffe aufnehmen können.

Lache so viel und so häufig, wie du kannst. Schaue dir Filme an, die dich zum Lachen bringen. Lies Bücher, die dich aufheitern. Umgib dich mit Menschen, die Freude ausstrahlen und gern und oft lachen.

ZAUBERE EIN LÄCHELN AUF DEINE LIPPEN

Achte im Laufe eines Tages immer wieder auf deinen Gesichtsausdruck. Wenn deine Mundwinkel eher nach unten zeigen, ziehe sie nach oben. Mache das für mindestens 60 Sekunden ohne Unterbrechung, und spüre aufmerksam nach, was sich in dir verändert. Vielleicht bemerkst du ein angenehmes Kribbeln im Brustbereich, vielleicht auch ein Gefühl von Entspannung und Weite. Atme bewusst weiter, und lasse dieses Gefühl noch größer und intensiver werden.

ERLEDIGE UNLIEBSAMES MIT EINEM LÄCHELN

Beobachte deinen Gesichtsausdruck, wenn du gerade dabei bist, etwas Unliebsames zu erledigen – etwas, was getan werden muss, du aber nicht gern machst. Bei mir ist es das Bügeln. Du entscheidest, ob du diese Tätigkeiten mit Widerstand und Frust oder mit einem Lächeln ausübst. Wir alle haben immer wieder Pflichten zu erfüllen, die uns keine Freude bereiten. Entscheidend ist aber, wie wir diese Muss-Dinge erledigen. Wenn du während dieser Tätigkeiten lächelst, werden sie dir leichter von der Hand gehen. Du fühlst dich dabei wohler und tust dir und deinem Körper etwas Gutes. Du entscheidest also selbst, in welcher Stimmung du deine wertvolle Lebenszeit verbringst. Und du weißt ja: Deine Stimmung wirkt sich langfristig auf deinen Körper aus.

Ein besonderes Erlebnis hatte ich vor Kurzem in einer Bäckerei. Die Verkäuferin sagte mir, es sei so schön, wenn ich zur Tür hereinkäme. Ich würde immer lächeln und sei guter Laune. Daraufhin meinte ich, dass das wohl bei den meisten Kunden der Fall sein dürfte. Sie verneinte und erzählte mir, dass 80 Prozent der Kunden schlecht gelaunt seien, dass sie sich beschweren und sich über alles Mögliche aufregen würden.

Wenn du Lust hast, beobachte andere Menschen beim Einkaufen. Wie ist deren Stimmung? Beobachte auch dich bei deinem nächsten Einkauf. Bist du gestresst oder entspannt, lächelst du, oder bist du ernst? Wie begrüßt du die Menschen in einem Geschäft? Verbreitest du schlechte Laune oder gute Stimmung?

SCHENKE ANDEREN EIN LÄCHELN

Ein Lächeln ist ein Geschenk. Dieses Geschenk kannst du jeden Tag weitergeben. Es kostet dich nichts, und du wirst sehen, dass du es auch wieder zurückbekommst. Laut einer Studie lächeln 98 Prozent der Menschen zurück, wenn du sie spontan anlächelst, auch wenn ihr euch nicht kennt. Das hebt dann auch wiederum deine Stimmung. Schenke Menschen dein Lächeln! Du wirst schöne Begegnungen haben. Lasse dich überraschen.

MUNDWINKEL NACH OBEN!

TIPP 5

Verändere deine Körperhaltung

Beobachtest du auch manchmal Menschen und deren Körpersprache und denkst dir dann: »Das ist ein glücklicher Mensch«, oder auch: »Dieser Mensch ist unglücklich.«?

Unser Körper drückt aus, wie wir uns fühlen – durch unsere Haltung, unsere Mimik und unsere Gestik. Die nonverbale Kommunikation ist ehrlicher und spontaner als die verbale Kommunikation. Das fällt besonders auf, wenn wir jemanden fragen: »Wie geht es dir?« Die meisten antworten automatisch mit »Gut!«. Wenn wir die ehrliche Antwort haben wollen, brauchen wir nur auf die Körpersprache unseres Gegenübers zu achten.

Unsere Körpersprache drückt aber nicht nur unsere Gefühle aus, wir können auch unsere Gefühle beeinflussen, indem wir unsere Körperhaltung verändern.

Das hermetische Prinzip der Entsprechung* besagt: »Wie innen, so auch außen.« Das bedeutet, dass deine Gefühle und Gedanken sich äußerlich in deiner Körperhaltung und Körpersprache zeigen. Das Prinzip der Entsprechung funktioniert auch andersherum: »Wie außen, so auch innen.« Wenn du deine Körperhaltung veränderst, so verändert sich auch deine Stimmung.

---

* Mehr dazu in: Drei Eingeweihte und William Walker Atkinson: Kybalion – Die 7 hermetischen Gesetze. Aurinia Verlag 2011.

Beobachte Menschen, die einen traurigen Gesichtsausdruck haben. Welche Körperhaltung haben sie? Und welche Körperhaltung haben Menschen, die einen glücklichen Gesichtsausdruck haben?

Mit folgendem Experiment kannst du dieses Prinzip selbst wahrnehmen. Setze dich auf einen Stuhl, beuge den Rücken nach vorn, und lasse die Arme zwischen den Beinen herunterhängen. Spüre nun etwas nach. Welche Gefühle löst diese Körperhaltung in dir aus?
Nun wechsle die Haltung. Richte den Oberkörper wieder gerade auf, die Brust ist etwas nach vorn gestreckt. Strecke nun beide Arme senkrecht nach oben. Lächeln ist auch erlaubt. Was verändert sich jetzt in dir?
Du wirst mit dieser einfachen Übung merken, dass deine Körperhaltung deine Stimmung beeinflusst. Und umgekehrt, dass deine Stimmung durch deine Körperhaltung ausgedrückt wird.

RICHTE DICH AUF

Es ist einfacher, von einem Augenblick zum anderen die Körperhaltung zu ändern als die Gefühle. Werde dir im Laufe des Tages immer wieder bewusst, wie deine Körperhaltung ist, ob deine Schultern nach vorn neigen, du gebückt bist, dein Kopf nach unten hängt, wie deine Mimik ist. Beginne, dich aufzurichten, strecke dich, lächle, entspanne die Stirn, und atme bewusst tief ein und aus. Es ist auch hilfreich, wenn du dir vorstellst, wie du stehen, sitzen, herumgehen würdest, wenn du der glücklichste Mensch der Welt wärst.

LÖSE KÖRPERLICHE SPANNUNGEN AUF

Oft laufen wir sehr angespannt durchs Leben und bemerken es gar nicht. Du kannst die Spannungen in deinem Körper mit deinem Atem auflösen. Spüre dazu in deinen Körper hinein. Wo fühlt er sich angespannt an? Wo nimmst du Druck wahr? Atme ganz sanft in diesen Bereich hinein. Stelle dir dabei vor, dass du beim Einatmen die Spannungen auflöst und beim Ausatmen die Spannungen aus deinem Körper getragen werden. Einatmen – auflösen, ausatmen – loslassen.

> HALTE DICH AUFRECHT!

Werde dir deiner Gedanken bewusst

Ein Zitat von Marc Aurel besagt, dass das Glück deines Lebens von der Beschaffenheit deiner Gedanken abhängt. Womit wir uns gedanklich beschäftigen, bestimmt also, wie wir uns fühlen.

Laut Studien haben wir am Tag im Schnitt 60.000 Gedanken. Von diesen vielen Gedanken sind nur 3 Prozent aufbauend! 25 Prozent sind Gedanken, die einem selbst und anderen schaden, zum Beispiel, wenn wir uns selbst oder andere negativ beurteilen. 72 Prozent sind flüchtige, unbedeutende, unsinnige Gedanken, die dennoch wirksam sind.

Wie deine Gedanken beschaffen sind, ist ausschlaggebend für deine Stimmung: Positive Gedanken lösen positive Gefühle und körperliche Entspannung aus. Negative Gedanken lösen negative Gefühle und körperliche Anspannung aus.

Auf Dauer hat das natürlich auch Auswirkungen auf deine grundsätzliche körperliche und psychische Gesundheit. Deshalb ist es wichtig, dir deiner Gedanken bewusst zu werden, um sie ändern zu können. Suche gezielt nach neuen Gedanken, durch die du dich besser fühlst. Du entscheidest, wohin du deine Aufmerksamkeit lenkst.

Wie Gefühle entstehen

Gefühle entstehen, indem eine Situation eintritt, du diese wahrnimmst und auf deine individuelle Art und Weise bewertest und darauf reagierst. Das ist ein innerer Prozess, der in Sekundenschnelle abläuft: Wahrnehmen – Denken – Brauchen – Fühlen – Handeln.
Unsere Gedanken sind wie Blitzlichter, die auftauchen und wieder verschwinden, und zu unseren Bedürfnissen haben wir manchmal keinen Zugang. Deshalb sind wir uns oft gar nicht bewusst, was innerlich passiert, nur unsere Gefühle bleiben als Nachgeschmack zurück. Wir wissen oft gar nicht, welche Bewertungen und Bedürfnisse für unsere Gefühle verantwortlich sind.

Deine Bewertungen können grundsätzlich sein, das heißt, dass eine bestimmte Situation von dir immer gleich eingeschätzt wird. Du wirst zum Beispiel immer wütend, wenn dein Partner zu spät kommt. Ein Gedanke, der Wut auslöst, könnte sein: »Ich bin ihm nicht wichtig genug!«
Oder du bewertest eine Situation unterschiedlich, abhängig von deiner Tagesverfassung. So kann es dir an einem Tag nichts ausmachen, mit dem Essen auf deinen Partner zu warten, weil du entspannt bist, an einem anderen Tag bist du verärgert, weil schon einiges Belastendes passiert ist.

Auch deine Bedürfnisse spielen bei der Entstehung von Gefühlen eine Rolle. Um beim Beispiel von gerade eben zu bleiben: Dein Partner kommt zu spät – vielleicht wird dadurch dein Bedürfnis nach Pünktlichkeit oder nach Wertschätzung nicht erfüllt.
Vereinfacht lässt sich sagen: Wenn deine Bedürfnisse unerfüllt sind, fühlst du dich schlecht. Wenn deine Bedürfnisse befriedigt sind, fühlst du dich gut.

Um deine Gefühle besser regulieren zu können, ist es hilfreich, ihren Auslösern auf die Spur zu kommen. Damit lernst du dich selbst besser kennen, du kannst deine Reaktionen verändern und wirst dich klarer mitteilen können. Vor allem kannst du das Problem an der Wurzel packen und es lösen.

Wenn du dich das nächste Mal schlecht fühlst, kannst du dir einige Fragen stellen. Sie helfen dir herauszufinden, durch was dein Gefühl verursacht wurde:
- Was habe ich gedacht?
- Wer oder was hat dieses Gefühl ausgelöst?
- Welches Bedürfnis wurde nicht erfüllt?
- Was hätte ich in dieser Situation gebraucht?

Dadurch wirst du vermehrt deine Gedanken beobachten und vielleicht auch bemerken, ob du dazu neigst, selbstkritische Gedanken zu hegen, dich mit anderen

zu vergleichen oder andere Menschen abzuwerten und zu verurteilen. Und nebenbei wirst du erkennen, welche Bedürfnisse in deinem Leben eine Rolle spielen, und du kannst ihnen mehr Raum schenken.

VERÄNDERE DEINE GEDANKEN

Folgende Frage finde ich besonders hilfreich, um neue Gedanken zu finden, durch die man sich besser fühlt: »Was sollte ich denken, um mich so zu fühlen, wie ich es gern hätte?«

Damit lernst du, andere, neue Aspekte einer Situation anzudenken und das Thema umfassender zu betrachten. Dir eröffnen sich neue Sichtweisen. Meistens bewegst du dich in festgefahrenen Denkmustern. Gedanken, die du dir selbst sagst oder die du gesagt bekommen hast und die wie Glaubenssätze wirken. Das sind grundlegende Überzeugungen oder Vorurteile, nach denen du dein Leben ausrichtest, zum Beispiel »Arbeit ist mühsam«, »Das Leben ist ein Kampf«, »Ich darf es mir leicht machen«, »Ich habe es verdient, glücklich zu sein«.

Deine Glaubenssätze prägen dich

Deine Glaubenssätze sind wie Filter, durch die du die Welt wahrnimmst. Wenn du zum Beispiel davon überzeugt bist, dass dich niemand mag, wirst du das Verhalten deiner Mitmenschen dementsprechend wahrnehmen und interpretieren. Und dir fällt vielleicht gar nicht auf, dass jemand liebevoll zu dir ist.
Es gibt jene Glaubenssätze, die dich positiv unterstützen, genauso wie solche, die dich blockieren. Deine Glaubenssätze sind sehr stark, du strahlst sie unbewusst aus und ziehst genau das in deinem Leben an, wovon du überzeugt bist. Wenn ein Glaubenssatz zum Beispiel besagt »Ich habe nicht genug«, dann wird sich dieser Glaubenssatz auch in deinem materiellen Leben zeigen. Du wirst erleben, nicht genug zu haben. Du bekommst also das, woran du glaubst – auch wenn du dir dessen nicht bewusst bist.

Wie kannst du deine negativen Glaubenssätze verändern? Ganz einfach, indem du dir einen neuen Glaubenssatz überlegst. Ein Glaubenssatz ist nichts anderes als ein Gedanke, den du sehr oft wiederholt hast. Stelle dir einen Weg im Wald vor, den du oft gegangen bist, er wird sehr breit und ausgetreten sein. Wenn du beginnst, einen neuen Weg zu gehen, wird dies anfänglich etwas mühsam sein, denn der neue Weg ist nicht so angenehm zu gehen wie der alte. Er ist anfangs eher ein Trampelpfad. Je öfter du aber den neuen Weg beschreitest, desto breiter wird er werden. Und der alte Weg wird mit der Zeit zuwachsen.

Sich selbst bewusster zuhören ist eine wichtige Voraussetzung, um den eigenen Glaubenssätzen auf die Spur zu kommen. Wie du innerlich mit dir sprichst und was du anderen Menschen sagst, gibt dir Aufschluss darüber, wie du denkst.

Folgende Satzanfänge weisen auch auf Glaubenssätze hin: »Ich muss …«, »Das tut man nicht …«, »Das ist so und so …« etc. Wenn du bemerkst, dass du sie verwendest, frage dich: Ist das wirklich wahr? Denn hinter solchen Aussagen verstecken sich oft deine festgefahrenen Überzeugungen.

Du kannst auch dein äußeres Leben betrachten und dir anschauen, welche Erfahrungen sich ständig wiederholen. Welcher Glaubenssatz könnte sich dahinter verbergen? Wenn jemand immer wieder negative Erfahrungen in der Liebe macht, könnte ein hinderlicher Glaubenssatz zum Beispiel lauten: »Ich habe die Liebe nicht verdient.«

ERNEUERE DEINE GLAUBENSSÄTZE

Nimm dir ein Blatt Papier, und ergänze die nachstehenden Satzanfänge. Am besten, ohne lange nachzudenken:
- Das Leben ist …
- Ich bin …
- Ich kann nicht …
- Ich kann besonders gut …
- Im Leben muss man …
- Erfolg heißt …
- Ich werde nie …
- Immer bin ich …
- Ich sollte …
- Ich bin überzeugt, dass …
- Meine Arbeit ist …
- Mein Partner ist …
- Meine Kinder sind …
- Mein Körper ist …
- Die Menschen sind …

Nun frage dich: »Kann ich mit diesen Glaubenssätzen gut leben? Welchen positiven Nutzen haben sie? Was ziehen sie in mein Leben? Wäre es sinnvoll, manche zu verändern?«

Dann formuliere neue Glaubenssätze. Glaubenssätze, die dir ein gutes Gefühl bescheren, die dich entspannen, die dir einen neuen Weg aufzeigen. Wenn du zum Beispiel denkst: »Im Leben muss man sich durchkämpfen«, kannst du diesen Gedanken verändern in: »Ich gebe mein Bestes, und das reicht.«

Wichtig ist, dass dein neuer Glaubenssatz für dich annehmbar ist. Dass er zu dir passt, dass du dir selbst glaubst. Er sollte ein wohliges, gutes Gefühl in dir auslösen.

Um den neuen Glaubenssatz in deinem Leben zu aktivieren, wiederhole ihn so oft, du kannst. Schreibe ihn auf Klebezettel, und bringe diese sichtbar auf Möbeln in deiner Wohnung an. Schreibe den Satz auf deine Handinnenfläche, da schaust du besonders oft hin.

Jedes Mal, wenn du dich dabei ertappst, einem alten Glaubenssatz nachzuhängen, stoppe sofort, und denke deinen neuen, wohltuenden Satz. Und bitte ärgere dich dann nicht über dich, sondern sei dir gegenüber wohlwollend. Der alte Satz ist ja schon so lange in deinem System, deshalb wird es immer wieder passieren, dass du dich nach ihm ausrichtest.

Sage dir deinen neuen Glaubenssatz morgens beim Aufwachen und abends beim Zubettgehen. Nutze auch dein Handy, indem du eine Erinnerung erstellst

und dann zur gewünschten Zeit eine entsprechende Benachrichtigung erhältst. Wichtig ist, wirklich dranzubleiben.
Damit schaffst du neue Muster in deinem Gehirn. Du nimmst Druck von dir. Dein Körper entspannt sich. Es ermöglicht dir, dich anders zu verhalten. Deine Gefühle verbessern sich, und Situationen können sich leichter verändern.

Lenke deine Aufmerksamkeit

Wem oder was schenkst du in deinem Leben wie viel deiner Aufmerksamkeit? Das ist eine sehr wichtige Frage, denn Energie folgt immer der Aufmerksamkeit. Das bedeutet, dass die Menschen, Situationen, Themen, Interessen und Dinge, mit denen du dich beschäftigst, von dir Energie erhalten. Meistens überlegen wir gar nicht, ob wir jemandem oder etwas Aufmerksamkeit schenken wollen. Ob wir gern unsere wertvolle Lebenszeit dafür investieren. Dabei dürfen wir entscheiden, was wir mit unserer Energie füttern wollen oder nicht.
Also: Wo schaust du hin, wo hörst du zu? Mit welchen Gedanken beschäftigst du dich? Welche Themen interessieren dich, über was unterhältst du dich? Mit welchen Menschen umgibst du dich?

Wir bewegen uns auf das zu, mit dem wir uns am meisten beschäftigen. Und wir werden selbst zu einem jener, mit denen wir uns umgeben. Wenn du dich oft mit Menschen unterhältst, die sich Sorgen machen, färbt das auf dich ab. Wenn du dir Gewaltfilme anschaust, so hat das auch Auswirkungen auf dich.
Vieles in unserer Umwelt giert nach unserer Aufmerksamkeit: Medien, Werbung, Politik … Negative Schlagzeilen, Probleme und Skandale bekommen besonders

viel Aufmerksamkeit. Wenn wir nicht achtsam sind und uns nicht bewusst überlegen, was uns wichtig ist, fließt sie dorthin. Das erzeugt Angst und Unruhe und bringt viele Menschen in negative Gefühlszustände. Das bedeutet nicht, dass du keine Nachrichten mehr hören oder schauen sollst. Aber wenn du sie dir anschaust (Bilder sind besonders wirksam und werden schnell gespeichert), achte einmal genau darauf, welche Gefühle sie in dir auslösen. Reduziere den Konsum auf ein Maß, wie es für dich tragbar ist.

Ein praktisches Beispiel: Stelle dir vor, du bist am Meer und hast eben einen wunderbaren Sonnenuntergang betrachtet und genossen. Gleich darauf klingelt dein Telefon, und du führst ein Gespräch mit jemandem, der dir Vorwürfe macht. Mit was wohl beschäftigst du dich anschließend gedanklich? Mit dem schönen Sonnenuntergang wohl kaum, viel eher werden deine Gedanken um das Telefonat kreisen.

Wenn dir bestimmte Situationen nicht guttun, kannst du dich entscheiden, diese zu verlassen. Wenn dir bestimmte Themen Unbehagen verursachen, dann befasse dich nicht mehr mit ihnen. Wenn du merkst, dass Menschen und deren Geschichten dir nicht bekommen, dann mache einen Bogen um sie, beschränke den Kontakt auf ein Minimum, oder brich ihn ab.

Diese Geschichte veranschaulicht sehr gut, wie wir unsere Aufmerksamkeit bewusst lenken können:

Ein alter Indianer sitzt mit seiner Enkelin am Lagerfeuer und erzählt ihr folgende Geschichte: »In jedem von uns tobt ein Kampf zwischen zwei Wölfen. Der eine Wolf ist böse. Er kämpft mit Neid, Eifersucht, Gier, Arroganz, Selbstmitleid, Lügen, Überheblichkeit, Egoismus und Missgunst. Der andere Wolf ist gut. Er kämpft mit Liebe, Freude, Frieden, Hoffnung, Gelassenheit, Güte, Mitgefühl, Großzügigkeit, Dankbarkeit, Vertrauen und Wahrheit.«

Das kleine Mädchen schaut eine Zeit lang ins Feuer, dann fragt es: »Und welcher der beiden Wölfe gewinnt?« Der alte Indianer schweigt. Nach einer ganzen Weile antwortet er: »Der, den du fütterst.«

Wir können jeden Tag aufs Neue entscheiden, welchen Wolf wir in uns füttern.

Das Prinzip der Umkehrung*

Betrachte eine dir unangenehme Situation wie einen Stock mit zwei Enden. Wenn du den Stock aufhebst, hebst du beide Enden auf. Jedes Ende stellt einen As-

---

* Mehr dazu in: Esther und Jerry Hicks: Wunscherfüllung – Die 22 Methoden. Allegria Verlag 2006.

pekt der Situation dar. Ein Ende steht für das, was wünschenswert ist, und das andere Ende für die Abwesenheit des Gewünschten. Wenn du weißt, was du nicht willst, ist es auch möglich, dir deutlich zu machen, was du willst.

Die Metapher des Stockes hilft dir also herauszufinden, was du nicht willst, und dich dann auf das zu konzentrieren, was du haben möchtest. Wenn du dir darüber klar bist, was deine negativen Gefühle auslöst, frage dich: »Was wünsche ich mir stattdessen?«

Das bedeutet, dass du immer eine Alternative hast. Es gibt immer eine Kehrseite deiner momentanen Situation. Werde dir dessen bewusst, und fokussiere dich darauf. Das kann der erste Schritt zur Veränderung sein.

Vom Problem zur Lösung

Besonders Problemen schenken wir in unserem Leben sehr viel Aufmerksamkeit. Menschen erzählen sehr gern von ihren ungelösten Themen, Krankheiten und Wehwehchen. Dadurch fließt Energie in diese Probleme, und sie werden am Leben erhalten. Dasselbe passiert auch, wenn du immer wieder über ein bereits vergangenes Ereignis nachdenkst und du dir vielleicht sagst: »Hätte ich doch nur etwas gesagt … hätte ich doch nur so und so reagiert …« Damit bleibst du gedanklich in der vergangenen Situation hängen.

Wir versuchen, Probleme mit Fragen zu lösen, die häufig so lauten: »Warum passiert mir das immer?«, »Wieso habe ich schon wieder dieses Problem?«, »Wieso bekomme ich gar nichts auf die Reihe?«

Diese Fragen helfen dir nicht weiter, sie lösen nur negative Gefühle aus, und du wirst keine Lösungen finden.

Achte darauf, welche Art von Fragen du dir stellst. Sind es Fragen, durch die du dich besser oder schlechter fühlst? Sind es Fragen, die dein Problem noch vergrößern, oder solche, die dir eine Lösung bescheren?

STELLE DIR DIE RICHTIGEN FRAGEN

Albert Einstein hat gesagt: »Probleme kann man niemals mit derselben Denkweise lösen, durch die sie entstanden sind.«
Zunächst kann es hilfreich sein, ein Problem zu erkennen, es abzugrenzen, es zu analysieren und alle seine Aspekte wahrzunehmen. Dann aber gilt es, den Fokus vom Problem abzuziehen und ihn auf die Lösung auszurichten.

Dabei helfen dir Fragen, die lösungsorientiert sind:
- Wie kann ich es schaffen, dass …?
- Welchen Nutzen hat diese Situation?
- Was möchte ich stattdessen?
- Wie hätte ich es gern?
- Wer könnte mir helfen?
- Was wünsche ich mir?
- Wie möchte ich das nächste Mal reagieren?
- Was kann ich daraus lernen?
- Wie würde ich mich verhalten, wenn es dieses Problem nicht gäbe?

Richte deine Aufmerksamkeit auf mögliche Lösungen, auf die Kehrseite des Problems. Auf das, was du anstrebst, und nicht auf das, was du nicht haben willst. Diese Art von Denken gibt dir Kraft und Energie, sie baut dich auf und schenkt dir bessere Gefühle.

Lebe den Moment

Viele Menschen halten sich oft gedanklich in der Vergangenheit oder Zukunft auf. Dabei schwelgen sie aber weniger in schönen Erinnerungen oder malen sich ihre Zukunft rosig aus. Vielmehr verharren sie in negativen Erfahrungen und sorgen sich um ihre Zukunft. Sie beschäftigen sich nicht mit dem, was gerade ist, sondern mit dem, was war und sein könnte.

Von Laotse stammen die Worte: »Wenn du depressiv bist, lebst du in der Vergangenheit. Wenn du Angst hast, lebst du in der Zukunft. Wenn du inneren Frieden erlebst, dann lebst du in der Gegenwart.«

Wir können die Vergangenheit nicht rückgängig machen, und die Zukunft können wir uns nicht zur Gänze ausmalen. Im Grunde gibt es nur das Jetzt, dem wir Aufmerksamkeit schenken sollten. Wenn wir uns in vergangenen Zeiten verlieren oder mutmaßen, was alles passieren könnte, erzeugen wir Sorgen, Ängste, Bedauern, Zweifel und Unsicherheiten. Und uns geht wertvolle Energie verloren, die uns inneren Frieden bescheren könnte.

Wann ergibt ein Blick in die Vergangenheit Sinn?

Wenn du an die Vergangenheit zurückdenkst, dann denke an schöne Situationen. An Erlebnisse und Erfahrungen, die dir Freude bereitet haben. Damit beschenkst du dich aufs Neue, und du kannst diese wunderbaren Momente immer wieder auskosten.

Wenn ich unzufrieden damit bin, wie ich mich in einer bestimmten Situation verhalten habe, dann schaue ich kurz in die Vergangenheit zurück. Ich nehme nochmals wahr, was passiert ist. Ich reflektiere die Situation, und dann male ich mir aus, wie ich mich das nächste Mal verhalten möchte. Ich stelle mir das bildlich vor, gehe es gedanklich durch. Und damit lasse ich es sein. Es hilft nichts, sich stundenlang Vorwürfe zu machen. Es ist hilfreicher, wenn wir etwas aus der Situation gelernt haben und versuchen, es das nächste Mal umzusetzen.

MALE DIR DIE ZUKUNFT ROSIG AUS

Du hast etwas zu planen, zu organisieren … dann mache es. Dieses organisatorische Denken liegt unserem Verstand ganz ausgezeichnet. Wenn in dir aber noch weitere Gedanken auftauchen, zum Beispiel »Wird wohl alles gut gehen?«, »Was ist, wenn ich es nicht schaffe?«, dann hat das nichts mit organisatorischem Denken, also der planerischen Aktivität, zu tun, sondern damit, dass du dir unnötige Sorgen machst.

Wenn du deine Zukunft positiv und mit einem guten Gefühl beeinflussen willst, visualisiere sie. Die Methode der Visualisierung wird im Spitzensport als Mentaltechnik angewandt. Sportler verinnerlichen bestimmte Bewegungsabläufe und stellen sich vor, wie sie Bestleistungen erzielen. Das können wir auch für unsere Wünsche und Visionen nutzen.

Als Erstes stellst du dir vor, dass dein Wunsch, deine Vision, bereits in Erfüllung gegangen ist. Bleibe bei dem Bild, und nimm alles genau wahr: Was genau kannst du sehen? Woher weißt du, dass sich dein Wunsch erfüllt hat? Wie fühlt sich das an? Was kannst du sonst noch wahrnehmen? Hörst, schmeckst oder riechst du etwas? Lasse dieses innere Bild so lebendig wie möglich

werden. Setze alle deine Sinne ein, und koste dieses Gefühl ganz und gar aus. Damit beeinflusst du deine Zukunft positiv. Du gibst deinem Unterbewusstsein kraft dieses Bildes, das mit dem guten Gefühl gekoppelt ist, den Weg vor.

Lasse dieses innere Bild mindestens zweimal täglich lebendig werden. Am besten beim Einschlafen und beim Aufwachen. Du kannst dir auch ein Plakat gestalten, auf das du deine Wünsche schreibst oder sie in Form von Bildern aufmalst oder aufklebst. Wichtig ist nur, dass dieses Plakat jedes Mal, wenn du es anschaust, ausschließlich positive Gefühle in dir auslöst und du dich daran erfreust.

STOPPE DAS GEDANKENKARUSSELL

Wenn du merkst, dass du sorgenvollen oder ängstlichen Gedanken nachhängst, halte einen Moment inne. Es gibt nur diesen einen Moment, weder Vergangenheit noch Zukunft. Nur diesen einen Augenblick. Werde dir dessen immer wieder bewusst.

Und dann steige sofort aus dem Gedankenkarussell aus. Denn wenn sich das Gedankenkarussell erst einmal so richtig in Bewegung gesetzt hat und sich ordentlich dreht, dann wird es immer schwieriger auszusteigen. Beobachte deine Gedankengänge. Werde dir bewusst, was du denkst.

Wenn du Gedanken nachhängst, die dir nicht guttun, sage innerlich sofort »Stopp!«. Ich stelle mir dazu gern das entsprechende Verkehrszeichen vor, dann geht es etwas leichter.

Und nun richte deine Aufmerksamkeit auf etwas anderes. Etwas Angenehmes. Etwas Schönes. Etwas, was dir guttut. Vielleicht möchtest du an deinen letzten Urlaub denken. An ein schönes Erlebnis. Lenke dich ab, zum Beispiel mit einem guten Buch oder einem netten Film. Oder du denkst organisatorisch: an deine Einkaufs- oder To-do-Liste. Wichtig ist, deinem Verstand eine Alternative anzubieten, sonst hüpft er wieder

zurück auf das Gedankenkarussell, und es dreht sich weiter. Ich persönlich habe immer ein inneres Bild griffbereit, das ich sofort abrufen kann, wenn ich merke, dass meine Gedanken zu kreisen beginnen. Das ist ein Bild von einem Ort, an dem ich mich wohlfühlte und wo ich ganz entspannt war. Diese Erinnerung rufe ich mir dann ins Bewusstsein, und ich fühle mich wieder gut.

Achtsamkeit im Alltag

Hast du dir schon einmal die Frage gestellt, ob wir überhaupt so viel denken müssen? Was wäre, wenn wir weniger Gedanken hätten? Zum einen würden sich die Gefühle beruhigen, wir wären ausgeglichener. Es würde friedlicher werden. Und zum anderen würden wir mehr wahrnehmen und beobachten. Wir wären viel mehr im Hier und Jetzt. Wir würden mehr Zeit haben, um uns auf das Schöne im Leben zu fokussieren. Wir hätten weniger Druck und Stress.

Ich erlebe in meinem Alltag oft, dass ich unachtsam bin. Ich finde den Gegenstand nicht mehr, den ich kurz zuvor irgendwo abgelegt hatte. Ich höre anderen nicht immer zu. Ich bin durch meine Gedanken abgelenkt und mache Dinge oft nebenbei.

Achtsamkeit bedeutet für mich, dass ich das, was ich mache, aufmerksam und konzentriert tue. Mit allen Sinnen präsent zu sein. Dass ich entscheide, wohin meine Aufmerksamkeit fließt.

Eine der in der Forschungsliteratur am häufigsten zitierten Definitionen stammt von Jon Kabat-Zinn. Sie besagt, dass Achtsamkeit eine absichtsvolle und nicht wertende Form der Aufmerksamkeit ist, die sich statt auf die Vergangenheit oder die Zukunft auf den gegenwärtigen Moment bezieht.

Meditationen und Achtsamkeitsübungen helfen, die Gedankenaktivitäten zu beruhigen.

SEI ACHTSAM

Der Alltag bietet unendlich viele Möglichkeiten, achtsam zu sein: Du kannst achtsam kochen, achtsam die Zähne putzen, achtsam mit anderen Menschen in Kontakt gehen … Ich stelle dir hier einige Möglichkeiten vor, die du ganz einfach in deinen Alltag integrieren kannst.

Achtsames Atmen

Atme für einige Minuten achtsam. Verändere deinen Atem nicht, sondern beobachte, wie er in dich hineinströmt und wieder deinen Körper verlässt. Das kannst du im Sitzen oder Liegen machen. Wichtig ist, dass du den Atem nicht veränderst, sondern ihn nur beobachtest.

Achtsames Gehen

Diese Übung kannst du für einige Minuten während eines Spaziergangs praktizieren. Nimm dazu jeden einzelnen Schritt genau wahr. Beobachte, wie sich deine Füße vom Boden abrollen. Am besten geht das natürlich barfuß. Was spürst du unter deinen Füßen? Wie bewegst du dich? Was spürst du im Körper, wo fühlst du Leichtigkeit, wo Spannung? Beobachte dich beim Gehen.

Achtsames Essen

Nimm dir Zeit, am Essen zu riechen, bevor du es in den Mund nimmst. Schaue dir an, was sich auf deiner Gabel befindet. Und dann kaue sehr, sehr langsam und sehr oft. Bleibe mit deiner Aufmerksamkeit voll und ganz dabei. Nimm den Geschmack wahr, die Konsistenz des Essens. Und das Gabel für Gabel.

Achtsames Wahrnehmen

Eine weitere, besonders effiziente Übung möchte ich dir auch noch mitgeben. Du kannst sie machen, wenn du gestresst bist. Du wirst sehen, danach bist du ruhiger und ausgeglichener. Atme zunächst einige Male tief ein und aus. Dann lenke deine Aufmerksamkeit nacheinander auf die verschiedenen Sinneswahrnehmungen. Mache die gesamte Übung für insgesamt 4–5 Minuten.

Frage dich:
- Was kann ich sehen?
  Und nimm für ca. 1 Minute nur das wahr, was du siehst.
- Was kann ich riechen?
  Jetzt rieche für ca. 1 Minute. Nimm alle Gerüche in deiner Umgebung wahr. Am besten mit geschlossenen Augen.
- Was kann ich hören?
  Das funktioniert ebenfalls besser mit geschlossenen Augen. Nimm alle Geräusche wahr. Auch für ca. 1 Minute.
- Was kann ich spüren?
  Spüre die Wärme deiner Haut, spüre die Luft um dich herum. Spüre deinen Körper, wie er in Kontakt mit dem Boden ist. Wieder mit geschlossenen Augen für ca. 1 Minute.

Wenn du deine Aufmerksamkeit auf deine Sinneswahrnehmungen lenkst, kommst du ganz schnell wieder bei dir und im Hier und Jetzt an.
Frage dich anschließend: Was habe ich in dieser Zeit gedacht? Was habe ich gefühlt? Dir wird wahrscheinlich auffallen, dass du ganz bei dem warst, was du wahrgenommen hast, und keine anderen Gedanken da waren.

LEBE BEWUSST!

Schaue durch die Brille der Wertschätzung

Kannst du dich daran erinnern, wie es ist, verliebt zu sein? Vielleicht bist du es gerade, dann wird es dir umso leichter fallen. Verliebt zu sein bedeutet, alles um dich herum wie durch eine rosarote Brille zu sehen. Alles ist wunderbar und schön. Die Arbeit macht Freude. Das Essen schmeckt besser. Dein neuer Partner ist der beste Mensch überhaupt. Du schwebst auf Wolke sieben, und alles fühlt sich wunderbar leicht an. Wenn du verliebt bist, dann werden in deinem Körper das Hormon Oxytozin und der Botenstoff Dopamin ausgeschüttet. Zudem werden in der Verliebtheitsphase jene Hirnregionen, die für eine kritische Beurteilung zuständig sind, einfach abgeschaltet. Deshalb ist alles so schön, du hast den realistischen Bezug etwas verloren. Nach 6–9 Monaten wird dieser Bereich wieder aktiviert, und es fällt dir wie Schuppen von den Augen: Du bemerkst Dinge an deinem Partner, die du vorher nicht wahrgenommen hast.

Du kannst diesen Zustand des Verliebtseins immer wieder aktivieren. Entscheidend ist, mit welchem Fokus du auf dein Leben schaust. Wie bereits beschrieben, fallen uns die negativen Aspekte viel mehr auf als die schönen Seiten des Lebens. Es geht darum, unseren Blick zu verändern und wieder durch die rosarote Brille zu schauen.

Dankbarkeit

Der Blick durch die rosarote Brille aktiviert deine Dankbarkeit. Dankbarkeit für die alltäglichen Dinge in deinem Leben. Dankbar zu sein ist eine der einfachsten Möglichkeiten, sich schnell wieder besser zu fühlen.
Erst wenn wir etwas für einige Zeit nicht mehr haben oder wenn wir etwas oder jemanden für immer verlieren, werden wir uns oft bewusst, wie wichtig es bzw. die Person uns ist. Mir fällt das besonders auf, wenn ich einige Tage zu Fuß mit dem Rucksack unterwegs bin. Da bin ich dankbar, wenn ich eine Bank zum Ausruhen und ein angenehmes Bett für die Nacht finde. Und wie dankbar bin ich erst, wenn ich wieder zu Hause bin. Besonders dafür, dass sich Bad und WC gleich um die Ecke befinden.

SETZE DIE ROSAROTE BRILLE AUF

Stelle dir vor, du schaust durch eine Brille der Wertschätzung. Ihre Gläser sind rosarot gefärbt. Indem du durch diese Brille schaust, aktivierst du deinen Verliebtheitszustand. Du nimmst nur die positiven, angenehmen Aspekte deines Umfeldes wahr.

Du kannst diese Brille gleich morgens nach dem Aufwachen aufsetzen und dir bewusst machen, dass du in einem feinen, warmen Bett liegst. Du kannst dir bewusst machen, dass du bald aufstehen darfst, um zur Arbeit zu gehen, weil du eine Arbeit hast. Du kannst dich daran erfreuen, dass aus der Dusche warmes Wasser fließt und wie herrlich es ist, einen Kühlschrank zu öffnen, der meistens reich befüllt ist. Du wirst dich augenblicklich besser fühlen. Denn wir nehmen viele Dinge so selbstverständlich. Wenn wir bedenken, dass ein großer Teil der Weltbevölkerung keinen Zugang zu fließendem Wasser hat, können wir uns sehr glücklich schätzen.

Du kannst die Brille überall aufsetzen: zu Hause, bei der Arbeit, beim Einkaufen, auf der Straße … Welche schönen Dinge in deiner Umgebung fallen dir auf? Es gibt so viel Schätzenswertes und Schönes in unserem Umfeld. Wir sehen es oft nur nicht mehr. Die rosarote Brille der Wertschätzung hilft dir, den Blick dafür wieder zu öffnen.

BELEBE DEINE BEZIEHUNGEN

Mit der Brille der Wertschätzung kannst du deine Beziehungen wieder beleben und positiver wahrnehmen. Solltest du dich vom Verhalten deines Partners, deiner Kinder, deines Arbeitskollegen oder deines Chefs genervt fühlen, ist dies eine wunderbare Übung. Wir neigen nämlich dazu, in solchen Situationen nur die negativen Seiten des anderen zu sehen und diese aufzubauschen.
Mit dieser Brille kannst du für einige Zeit deine Wahrnehmung nur auf die positiven Aspekte deines Gegenübers richten.

Du darfst dich fragen:
- Was schätze ich am anderen?
- Was ist am anderen liebenswert?
- Welche positiven Fähigkeiten und Eigenschaften hat der andere?

Mache dies für einige Minuten. So werden sich dein Blick auf diese Person und dein Verhalten ihr gegenüber verändern.
Was wäre, wenn du für die nächsten Minuten nur die positiven Aspekte deines Gegenübers wahrnehmen würdest?

Du kannst diese Übung auch schriftlich machen. Nimm dir ein Blatt Papier. Schreibe den Namen der Person in die Mitte. Schreibe rundherum alles auf, was dir in den Sinn kommt, wenn du an diese Person denkst, also positive wie negative Begriffe. Achte darauf, dass mindestens 5 positive Sachen oben stehen. Die Fragen helfen dir dabei. Und dann konzentriere dich nur auf die positiven Seiten des Menschen. Dadurch kannst du wieder gelöster und freier auf den anderen zugehen.

ERHÖHE DEINE SELBSTLIEBE

Sich selbst wertzuschätzen ist für viele Menschen eine Herausforderung. Wir nörgeln an uns herum, machen uns Druck und sind ziemlich oft selbstkritisch, anstatt liebevoll mit uns umzugehen. Selbstliebe bedeutet, uns selbst Mitgefühl zu schenken, uns selbst durch diese rosarote Brille wahrzunehmen.

Du kannst das üben, indem du dir folgende Fragen beantwortest. Finde für jede Frage mindestens 3 Antworten – auch wenn es dir schwerfällt:

- Worauf bin ich stolz?
- Was kann ich gut?
- Welche positiven Eigenschaften/Fähigkeiten habe ich?
- Was gefällt mir an mir?
- Was ist schön an mir?
- Was ist liebenswert an mir?

Mache diese Übung immer wieder einmal. Du wirst sehen, es werden dir immer mehr positive Qualitäten bewusst werden.

DEINE PERSÖNLICHE ABENDSCHAU

Ein besonders schönes Ritual ist die persönliche Abendschau. Du wirst wohliger schlafen, wenn du beim Einschlafen an schöne, angenehme Dinge denkst.

Stelle dir abends vor dem Schlafengehen diese Fragen:
- Für was bin ich heute dankbar?
- Wer oder was hat mir heute Freude bereitet?
- Wem habe ich heute Freude bereitet?
- Auf was bin ich stolz?
- Was habe ich heute gelernt?
- Was kann ich mir morgen Gutes tun?

Du kannst diese Fragen natürlich auch schriftlich beantworten. Am besten in einem Positiv-Tagebuch. Lege dir ein schönes Heft zu. Dort schreibst du abends alles hinein, für was du dankbar bist. Das wird deinen Blick auf das Freudvolle im Leben lenken, und du wirst sehen: Es vermehrt sich und vermehrt sich …

Deine Schwingung erhöhen

Mit der Brille der Wertschätzung tust du dir selbst Gutes. Du erkennst, was in deinem momentanen Leben liebenswert ist, und drückst deine Dankbarkeit und Wertschätzung aus, wodurch du dich besser fühlst. Du kommst in einen positiven Schwingungszustand.

Und vielleicht weißt du ja, dass es leichter ist, aus einem positiven Zustand heraus jene Dinge in das Leben zu holen, die man sich wünscht. Das ist das Gesetz der Resonanz. Wenn du verärgert und frustriert bist, dass das Leben nicht nach deinen Vorstellungen verläuft, dann strahlst du destruktive Energie aus. Du wirst im Außen nur jene Dinge sehen, die dazu passen, also in Resonanz gehen, und du wirst auch weiterhin ähnliche Themen und Probleme anziehen.

Wenn du deine Gefühle und damit deine Schwingung erhöhst, wird dein Blick frei, du bist offen für die positiven Aspekte, die bereits da sind, und du lädst das Glück ein, zu dir zu kommen. Denn das Glück kommt auch lieber dorthin, wo schon ein Quäntchen Freude und Wohlgefühl vorhanden ist.

Mit der rosaroten Brille der Wertschätzung wirst du auch erkennen, dass in dir selbst die Quelle des Glücks liegt. Dass du dieses Glücksgefühl selbst entwickeln kannst, unabhängig von äußeren Einflüssen.

Tue dir und deiner Seele Gutes

Weißt du, was dir guttut? Was bereitet dir in deinem Leben Freude? Was bringt dein Herz zum Singen? Achtest du bewusst darauf, dir diese Freuden zu schenken? Wie oft tust du dir bewusst Gutes? Du selbst bist für dein Wohlbefinden verantwortlich. Wenn du ihm Priorität schenkst, wirst du merken, dass es dir grundsätzlich besser geht. Oft vernachlässigen wir uns selbst, schenken anderen Menschen viel Aufmerksamkeit und meinen, immer und jederzeit für andere da sein zu müssen.

Wenn du nur gibst, nicht auf dich achtest, dann werden sich Frust und Ärger in dir breitmachen. Andere können dir das, was du gibst, gar nicht »zurückerstatten«, und du wartest und wartest darauf.

Es gibt ein schamanisches Sprichwort: »Nähre dich dreimal, erst dann gib etwas weiter. Das erste Mal nährst du dich selbst, das zweite Mal stärkst du deine Reserve, und das dritte Mal brauchst du, damit du etwas zu geben hast.«[*]

Dieses Sprichwort bedeutet, dass wir zuerst an uns selbst denken sollten. Meistens sind wir bestrebt, die Bedürfnisse anderer zu erfüllen, bevor wir unsere eigenen

---

[*] Aus: Susanne Hühn: Seminare leiten – ohne Selbstausbeutung, ohne Energieverlust. Schirner Verlag 2015.

überhaupt wahrnehmen. Ein Grund dafür mag sein, dass wir nicht egoistisch sein wollen. Ich denke aber, dass es wichtig ist, einen gesunden Egoismus an den Tag zu legen. Ich bin überzeugt, dass wir auf dieser Welt sind, um ein freudvolles Leben zu führen. Ein gesunder Egoismus bedeutet für mich, sich selbst Aufmerksamkeit, Fürsorge und Liebe zu schenken. Wir verlangen diese zwar von anderen, aber geben sie uns selbst nicht. Nimm dich selbst ernst, nimm dich wichtig, schenke dir Wertschätzung.

FÜLLE DEIN ENERGIEFASS

Ich stelle mir dazu ein leeres Fass vor, ein Gefäß, das mit meiner momentanen Energie gefüllt ist. Das ist mein persönliches Energiefass. Ich frage mich: Wie viel Prozent Energie habe ich zurzeit? Wie hoch ist der Energiepegel? Ist das Fass fast voll, zur Hälfte gefüllt oder nahezu leer?

Du kannst dein Energiefass auf ein Blatt Papier zeichnen und deinen Energiepegel markieren – und zwar aus dem Bauch heraus. Du weißt genau, wie viel Prozent Energie du zur Verfügung hast. So wird für dich wahrnehmbar, wie es um deine momentane Energie bestellt ist. Wenn zum Beispiel mein Energiepegel unter 50 Prozent sinkt, wird es kritisch. Wenn dann noch etwas Unvorhergesehenes passiert, ist meine Restenergie bald aufgebraucht. Ich habe es am liebsten, wenn mein Energiefass um die 70 Prozent gefüllt ist. Dann fühle ich mich wohl, und ich weiß, dass ich den Herausforderungen des Lebens gewachsen bin.

Nachdem du den Energiepegel eingezeichnet hast, frage dich:
- Was täte mir gut?
- Wozu hätte ich Lust?
- Wo und wie könnte ich Energie tanken?

Das sind die Fragen, die wir uns immer wieder im Alltag stellen sollten. Am besten täglich. Denn damit erkennen wir unsere Bedürfnisse und können unseren Energiespeicher füllen.

Ich erlebe immer wieder, dass sich vor allem Frauen diese Fragen kaum stellen. Meistens lautet die Begründung: »Ich habe eh keine Zeit dafür.« Damit schneiden wir uns von unseren Bedürfnissen ab. Wir funktionieren zwar, aber schauen nicht mehr auf das, was uns guttut und uns Kraft schenkt.

Also beginne am besten gleich jetzt, und frage dich: Wozu hätte ich jetzt gerade Lust?

Und wenn es dir nicht sofort möglich ist, deine Bedürfnisse zu erfüllen, überlege dir, wann du dies in nächster Zeit tun kannst.

BESCHENKE DICH JEDEN TAG

Das kann in Form eines kleinen täglichen Rituals oder auch einmal eines größeren Geschenkes an dich selbst sein. Zum Beispiel: Yoga am Morgen, 5 Minuten Sonne tanken, ein Spaziergang im Grünen, ein gutes Buch, ein schöner Film, eine angenehme Massage, Streicheleinheiten, ein guter Duft, den Kaffee in Ruhe genießen,

einen Tag Auszeit nehmen, in die Sauna gehen, Sport machen, singen, Kuchen backen, nichts tun …
Es sollte etwas sein, was dir Freude und Genugtuung schenkt und wonach du dich einfach besser fühlst.
Wenn es dir einmal nicht gut geht, achte besonders auf dein Energielevel. Nähre dich umso mehr. Das ist manchmal leichter gesagt als getan, weil es einen so runterzieht und man sich auch oft selbst bemitleidet. Aber besonders dann ist es wichtig, auf etwas zurückgreifen zu können, was nährend ist.
Du hast Zuwendung verdient. Schenke sie dir selbst!

Damit es dir gelingt

Damit du auch wirklich mit den Ideen und Übungen Erfolg hast, möchte ich dir noch einige Hilfen für die Umsetzung geben:

- Schreibe auf, was du verändern möchtest.
- Trage bestimmte Übungen in deinen Kalender ein – lasse dich daran erinnern.
- Wiederhole die Übungen, die dir am besten gefallen, immer wieder, am besten täglich.
- Tausche dich mit jemandem darüber aus.
- Mache nach einiger Zeit eine Bestandsaufnahme: Was hat sich verändert?

Ich hoffe, meine 10 Tipps können dazu beitragen, dein Leben positiv zu verändern.

Herzlichst
deine Susanne

ES IST MEHR MÖGLICH, ALS DU GLAUBST.

Über die Autorin

Susanne Steidl ist seit 2003 als selbstständige Trainerin, Coachin und Humanenergetikerin in den Bereichen Bewusstseins- und Persönlichkeitsbildung tätig. Ihre Erfahrung gibt sie in Seminaren und Einzelberatungen weiter. Sie arbeitet für und mit Menschen, die sich selbst und ihre Herzenswünsche wichtig nehmen, sich weiterentwickeln und ihr Leben eigenverantwortlich gestalten wollen.

www.susanne-steidl.com

Bildnachweis

www.shutterstock.com:

Schmuckelemente S. 1–96: Sprechblase und Bilderrahmen #49765615 (©blue67design), #88119878 (©blue67design); Sonne oben rechts, Blume oben links, Wellenlinie oben und Tropfen bei Seitenzahl #276964502 (©babayuka); Blumen und Ranken #96424850 (©blue67design); Kreis mit Blütenranken #583557562 (©shmel); Comic-Frau #471675965 (©tynyuk); Comic-Mann #555577954 (©tynyuk); Hintergrund Comic-Frau und -Mann #232110067 (©xenia_ok); Borte Übung #328779485 (©Amnell)

S. 8: #462910102 (©FWStudio); S. 11: #591778415 (©Rawpixel.com); S. 12: #342582227 (©Sofi photo); S. 18: #282980102 (©g-stockstudio); S. 24: #394003171 (©Silatip); S. 30: #262734242 (©g-stockstudio); S. 33: #290164982 (©Asier Romero); S. 36: #133717874 (©Rido); S. 39: #549962110 (©elementals); S. 42: #595339715 (©ArtFamily); S. 47: #473080843 (©ArtFamily); S. 49: #356650643 (©ChristianChan); S. 50: #146971178 (©Subbotina Anna); S. 54: #320061890 (©Africa Studio); S. 58. #776216152 (©WAYHOME studio); S. 62: #148174352 (©gpointstudio); S. 66: #135446399 (©ESB Professional); S. 69: #95751340 (©gornostay); S. 70: #178768913 (©Antonio Guillem); S. 74: #579104266 (©goodluz); S. 79: #191419439 (©Ruslan Rizvanov); S. 84: #231045031 (©lzf); S. 86: #380081665 (©Dasha Petrenko); S. 90: #458514262 (©Rawpixel.com)

Danke für deine REZENSION
– Gemeinsam sind wir mehr –

Liebe Leserin, lieber Leser,

von Herzen danken wir dir, dass du dieses Buch in den Händen hältst und es bis zum Ende gelesen hast. Das bedeutet uns, dem Schirner Verlag und seinen Autoren, sehr viel. Aus voller Überzeugung und mit Hingabe widmen wir uns seit vielen Jahren Themen, die unser aller Lebensqualität und Bewusstwerdung dienlich sind, und hoffen, einen Beitrag für eine lichtvollere Welt leisten zu können. Wenn dir unsere Arbeit gefällt, möchten wir dich bitten, dir einige Minuten Zeit zu nehmen, um dieses Buch zu rezensieren. Warum? Die meisten Menschen lesen Rezensionen, bevor sie ein Buch kaufen, da sie hierdurch einen Eindruck bekommen, ob und wie der Inhalt des Buches den Leser erreicht hat. Eine kurze Rezension ist dabei ebenso hilfreich wie eine lange, sehr ausführliche. Um es auf den Punkt zu bringen:

Eine Rezension ist heutzutage die beste Werbung für ein Autorenwerk!

Wenn du den Schirner Verlag und seine Autoren neben dem Buchkauf auch anderweitig unterstützen willst, dann bitten wir dich: Schreibe für jedes Werk eine Rezension – am besten auf der Seite, wo du es gekauft hast, und zusätzlich beim Schirner Verlag und bei Amazon. Das wäre nicht nur eine Wertschätzung für die Autoren, sondern kann dazu beitragen, dass die Verkaufszahlen steigen und der Schirner Verlag auch in herausfordernden Zeiten Bestand hat.

WIE SCHREIBT MAN EINE REZENSION?

Grundsätzlich sollte eine Rezension aus der eigenen, subjektiven Sicht geschrieben werden, da es sich um eine persönliche Meinung handelt. Du kannst in zwei Sätzen deine Gedanken zu dem Buch äußern oder eine längere Rezension verfassen. Falls du nicht weißt, wie du beginnen sollst, hier ein paar Anregungen:

- War das Buch leicht verständlich geschrieben? Wie hat dir die Sprache gefallen? Wie empfandest du die Aufteilung der verschiedenen Themen?
- War es unterhaltsam? War es deiner Meinung nach mit Herzblut und Liebe geschrieben? Wie hat es auf dich gewirkt?
- Hat es dein Herz berührt? Konntest du dich wiederfinden?
- War es tief greifend genug? Hast du viel Neues gelernt?
- Hat es gehalten, was der Titel und die Buchbeschreibung versprochen haben? Hat es deine Erwartungen erfüllt?
- Was macht das Buch besonders? Warum sticht es heraus im Vergleich zu anderen Büchern, die ein ähnliches Thema behandeln?
- Würdest du das Buch weiterempfehlen oder verschenken?

Dankeschön

lesen, fliegen, landen
Schirner Verlag